Was für ein Tag!

Tauftag! Eintauchtag!
Tief tauchst du ein in die Liebe Gottes.
Tief tauchst du ein die Gemeinschaft der Menschen,
die diesen Tag mit dir feiern.
Du bist gewollt. Du bist geliebt. Du bist willkommen.

Liebe Leserin, lieber Leser,

nein, dieses Buch ist nicht für Sie. Ich habe es für den kleinen Menschen geschrieben, der getauft werden soll. Der wird allerdings kaum schon selber lesen können – obwohl auch das immer häufiger vorkommt. Also ist es dann doch irgendwie für Sie. Vielleicht lesen Sie's ihm vor. Ihm und damit auch ein bisschen sich selbst und den anderen großen Leuten, die das *kleine Wesen* lieben und hüten und wickeln und füttern. Meine Segenswünsche jedenfalls gelten uneingeschränkt auch Ihnen. Und die Zusagen unseres himmlischen Vaters sowieso.

Jürgen Werth

Jürgen Werth

Ein Gedanke Gottes, das bist du (ein genialer noch dazu)

Herzliche Segenswünsche zur Taufe

benno

Schön, dass du da bist!

Da schaust du! So viel Welt! So viel *Himmel!* So viele Farben und Formen! So viele Menschen! Und alle lächeln dir freundlich zu! Kein Zweifel: Du wurdest sehnsüchtig erwartet und wirst heiß geliebt.

Da staunst du! So viele Töne! So viele Geräusche! So viel *Musik!* So viele Stimmen! Und mancher haucht ein seliges „Oh, wie süß!“. Kein Zweifel: Du bist herzlich willkommen.

Wie schön, dass du da bist! Die *Welt* wäre ärmer ohne dich. Kleiner. Eintöniger. Lebloser. Farbloser.

Ein *Wunder* bist du! Ein Menschenwunder! Ein Schöpfungswunder! Einer hat einmal gejubelt: Wer so ein kleines Kind anschaut, erwischt Gott auf frischer Tat! Du bist Gott auf frischer Tat! Nicht weniger. Niemals weniger. Auch dann nicht, wenn die ersten Pickel sprießen und du uns mächtig auf die Nerven gehst. Und wir dir.
Deine Taufe zeigt: Gott sagt sein großes Ja zu dir. Ein Ja ohne Verfallsdatum. Und Menschen legen ihr kleines Ja einfach dazu. Heute. Und immer wieder.

Du bist du

Vergiss es nie: Dass du *lebst*, war keine eigene Idee,
und dass du *atmest*, kein Entschluss vor dir.
Vergiss es nie: Dass du lebst, war eines anderen Idee,
und dass du atmest, sein Geschenk an dich.

Vergiss es nie: Niemand denkt und *fühlt* und handelt so wie du,
und niemand *lächelt* so, wie du's grad tust.
Vergiss es nie: Niemand sieht den Himmel ganz genau wie du,
und niemand hat je, was du weißt, gewusst.

Vergiss es nie: Dein Gesicht hat niemand sonst auf dieser Welt,
und solche Augen hast alleine du.
Vergiss es nie: Du bist reich, egal ob mit, ob ohne Geld;
denn du kannst leben! Niemand lebt wie du.

Du bist gewollt, kein Kind des Zufalls, keine Laune der Natur,
ganz egal, ob du dein Lebenslied in Moll singst oder Dur.
Du bist ein Gedanke Gottes, ein *genialer* noch dazu.
Du bist du, das ist der Clou, ja, du bist du!

Gott liebt dich

Hast du schon deinen Bauchnabel erkundet? Der ist, was kaum jemand weiß, ein himmlisches Siegel. Ein „Made in Heaven"-Stempel sozusagen.

Und das kam so.

Immer bevor Gott, der Schöpfer und Vater, eine neue Generation Babys auf die Erde schickt, geht er durch die Reihen, lächelt jedes begeistert an, stupst ihm dann zärtlich und liebevoll mit dem Finger mitten auf den Bauch und sagt:

„Dich hab ich lieb!"

Und beim nächsten auch:
„Dich hab ich lieb!"

Und bei jedem einzelnen kleinen Baby:
„Dich hab ich lieb!"
Dann bleibt mitten auf dem Bauch bei allen ein kleines Knötchen zurück. Damit es keiner jemals vergisst.

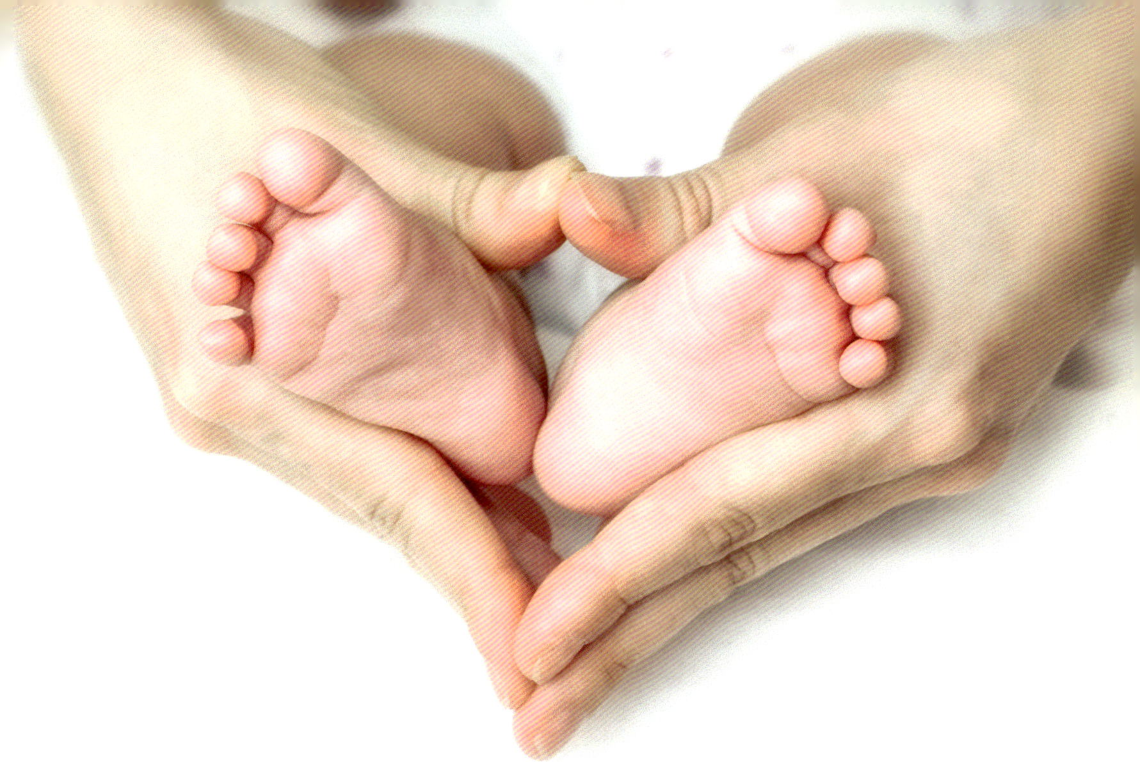

Gott macht das wohl bis heute. Denn bei allen anderen gibt's dieses Knötchen auch. Und bei dir. Er hat uns gemacht. Er hat uns angesehen. Er hat uns zugelächelt. Er hat uns angestupst. Damit wir's uns leichter merken können und beim nächsten Baden dran denken.

Gott sagt Ja zu dir

Auch wenn du noch nichts *sagen* kannst: Gott sagt Ja zu dir! Und Mama und Papa auch. Und alle, die dir heute zu deinem Ehrentag Glück wünschen. Und das, was noch mehr ist: Segen.

Auch wenn du noch nicht *lieben* kannst: Gott liebt dich! Und so viele Menschen auch. Du bist ja auch zu wunderbar und zu niedlich! Aber du bist viel mehr als das: eine richtige kleine Persönlichkeit, die wir achten und ehren wollen.

Auch wenn du noch nicht *glauben* kannst: Gott glaubt an dich! Und deine Eltern und Paten tun es auch. Und nehmen sich ganz fest vor, dass sie das auch dann noch tun wollen, wenn dein Leben mal so gar nicht rundläuft.

Auch wenn du vieles noch nicht *verstehen* kannst: Gott versteht jede Regung deiner Seele und deines Körpers. Und auch die Menschen, denen du anvertraut bist, lernen Tag für Tag mehr, dich zu verstehen. Und sie werden immer mal wieder bei deinem himmlischen Vater nachfragen.

Ich finde, das ist ein ganz ordentliches Startkapital fürs Leben. Pass gut darauf auf!

Du bist einmalig

Von wem du nur die wunderbaren Augen hast! Und die kleine süße Stupsnase! Und die herrlichen *Haare*! Von wem die energische *Stimme*! Von Papa, Mama, Oma, Opa, Tante Marion oder Onkel Jens?

Du wirst es noch lange erleben: Jeder entdeckt irgendetwas an dir und in dir, das ihm vertraut ist. Vertraut vorkommt. Und später wirst du das auch entdecken. Da redest du plötzlich wie Mama, da hast du einen Dickkopf wie Papa.

Ja, viele haben dir etwas von sich mitgegeben. Eine *Eigenart*, vielleicht sogar eine Unart. Manche wird dich freuen, manche ärgern. Pflege die guten Eigenschaften, erziehe die nicht so guten. Das kann man nämlich. Das muss man sogar.

Und doch bist du ein ganz und gar *einmaliges Wesen*.

Weil Gott die Gesichter und Gestalten und Geschichten einfach nicht ausgehen. Die Kreativität des Schöpfers ist unerschöpflich. Bei dir fließt zusammen, was so noch bei keinem Menschen vor dir zusammengeflossen ist. Und was bei keinem Menschen nach dir je zusammenfließen wird. Du bist nie jemand anderes. Du bist auch nie viele andere. Du bist du.

Du eroberst deine Welt

Und bald, sehr bald schon, können wir diese kleinen Verse über dich sagen:

Du eroberst deine Welt,
du legst fest, was dir gefällt
und was dich nicht im Geringsten interessiert.
Horizonte, die du siehst,
und die Kreise, die du ziehst:
Tag für Tag werden sie ein wenig korrigiert.
Menschen, Sachen ohne Zahl
siehst du heut' zum ersten Mal,
du teilst Namen aus, die uns oft amüsieren.
Du räumst unser Leben um,
und du kümmerst dich nicht drum,
dass wir Stück für Stück den Überblick verlieren.

Du, ich staune über dich:
so ein eigenes, *kleines Ich*.
Ich entdecke, tanze, lach so gern mit dir.
Und allmählich wundre ich mich,
dass ich ausgewachsenes Ich
so ganz nebenbei das Alltagsgrau verlier'.

Blonde Strähnen in der Stirn,
voller Quatsch dein kleines Hirn.
Du kannst weinen, schreiben, lachen auf einmal.
Verklebt mit Himbeersaft der Mund,
das weiße T-Shirt eher bunt
und ich dein Pferd – und ab geht's über Berg und Tal.
Ich tauch' ein in *deine Welt*,
und ich schwimm' im Spielzeuggeld,
kaufe Hasen, Häuser, Hupen, zahl' in bar.
Was ist wichtig, frag' ich mich.
Doch noch besser frag' ich dich,
denn am Ende weißt du's besser, ist ja klar.

„Du bist du", sing ich dir vor,
du beißt mich dabei ins Ohr –
einen so wie dich gibt's wirklich nur einmal.
Du bleib' du, mein kleiner Mann,
und fang zu begreifen an: Einer liebt dich mehr als wir, millionenmal.
Du, ich wünsch' dir unverwandt,
dass du deine kleine Hand
eines Tages gern in seine große legst.
Dabei will ich dann nicht stören,
du sollst ihm allein gehören,
ihm, der dich und uns und alles um uns trägt.

Deine Gaben und Grenzen

Was du alles kannst! Da gibt es unendlich viel zu entdecken.
Ein ganzes Leben lang.

Was du alles nicht kannst! Und darum auch nicht können musst. Pflege deine Gaben und finde dich mit deinen Grenzen ab.

Niemand ist alles. Niemand kann alles. Niemand muss alles.

Ein Reisebus ist kein Ferrari.

Die Formel 1 wäre eine Nummer zu groß für ihn. Schon die Autobahn bergauf ist manchmal eine Herausforderung. Da zieht so ein Ferrari locker vorbei. Doch wenn der eine Schulklasse transportieren sollte, sieht er alt aus. Was wirst du wohl sein? Ein Ferrari oder ein Reisebus? Oder irgendwas dazwischen?

Ein *Pinguin* ist kein *Elefant*.

Baumstämme transportieren ist nicht sein Ding. Und tagelang durch die Savanne wandern, würde ihn glatt überfordern. Aber beim Schwimmen in eisigem Wasser hängt er jeden Dickhäuter mit links ab. Was bist du wohl eher? Ahnst du's schon?

Ein *Löwenzahn* ist keine *Eiche*.

Eine Kinderschaukel würde die Tragkraft seiner Stängel definitiv überfordern. Und Schatten spendet er höchstens Kartoffelkäfern und Weinbergschnecken. Dafür ist er Weltmeister in Sachen Samenvertrieb. Da kommt keine Eiche mit.

Ein *Sumoringer* ist kein *Stabhochspringer*.

Der Stab müsste schon sehr stabil sein. Und die Sprunglatte dürfte bei höchstens 25 Zentimetern liegen. Dafür zwingt er jeden Stabhochspringer in Sekundenschnelle auf die Matte. Und er hält dir sicher jeden pöbelnden Zeitgenossen vom Leib.

Eine Reisebus muss nicht davon träumen, ein Ferrari zu sein. Ein Pinguin nicht davon, ein Elefant zu sein. Ein Löwenzahn muss nicht neidisch zur Eiche hochschielen. Ein Sumoringer keinen Stabhochspringer beneiden. Finde heraus, was du bist. Wer du bist. Und dann freu dich dran. Und leb's!

Dein Platz in der Welt

Und wenn nicht alles super ist bei dir und mit dir? Ich erzähle dir auf den nächsten Seiten von einem Mädchen, das in der 23. Schwangerschaftswoche zur Welt kam und bei der Geburt ganze 720 Gramm wog. Alles war zu früh, alles zu klein, alles zu unfertig.

Da gab's nicht nur Jubelschreie bei ihrer Geburt. Da gab's auch Angst und Sorgen. Und monatelanges Bangen und *Beten*: Schafft sie's? Und viele, viele Fragen.

Was ist, wenn du nicht das strahlende Kind aus den Träumen deiner Eltern bist? Wenn etwas fehlt? Wenn dich etwas behindert? Bist du dann auch noch ein genialer Gedanke Gottes? Oder nur noch ein halbgenialer?

Ich will dir etwas verraten: Bei jedem von uns fehlt etwas. Jeder von uns wird von irgendetwas behindert. Kein Mensch ist perfekt. Und trotzdem vollkommen richtig. Gewollt und geliebt. Vielleicht sogar besonders *geliebt*. Weil Gott eine besondere Schwäche für die Schwachen hat. Und jeder ist beauftragt. Jeder hat seinen Platz in dieser Welt und seine ganz besonderen Aufgabe. Du findest sie, da bin ich ganz sicher. Oder andere finden sie für dich.

Das Mädchen der nächsten Seiten in diesem Buch jedenfalls hat ihren Platz erobert. Einen, den nur sie ausfüllen kann. Und sie ist *glücklich* dabei.

Kann man mehr sein in diesem Leben?

Himmelskind

Mühsam kämpfst du dich ins Leben.
Jeder Atemzug tut gut.
Kaum geborn, schon aufgegeben.
An dich zu glauben brauchte Mut.
Viel zu klein für dieses Leben.
Viel zu schwach für diese Welt.
Hast uns Rätsel aufgegeben,
kleines Mädchen, großer Held.
Bist ein *Sorgenkind.*

Viel zu früh die kecke Nase
in den kalten Wind gesteckt.
In der falschen Wachstumsphase.
Hast du das heimlich ausgeheckt?
Hast Schlaraffenland verlassen
lange schon vor deiner Zeit.
Hast auf uns dich eingelassen.
Waren noch lange nicht bereit.
Überraschungskind.

Eine kleine Handvoll Leben,
eine große Handvoll Kraft.
Schwach und stark zugleich, deswegen
wunderbar und rätselhaft.
Eine kleine Handvoll Wunder,
eine große Handvoll Ich.
Bist ein forscher Welterkunder.
Kleiner Spatz, wir lieben dich.
Bist ein *Wunderkind*.

Menschenkind, das ist dein Leben.
Lerne lachen, singen, schrein.
Lern vertrauen, lerne geben.
Unser Gott wird bei dir sein.
Menschenkind, machst unser Leben
reich und weit und tief und schwer.
Lehrst uns, uns nicht zu überheben.
Auch die Kleinsten sind schon wer.
Bist ein *Himmelskind*.

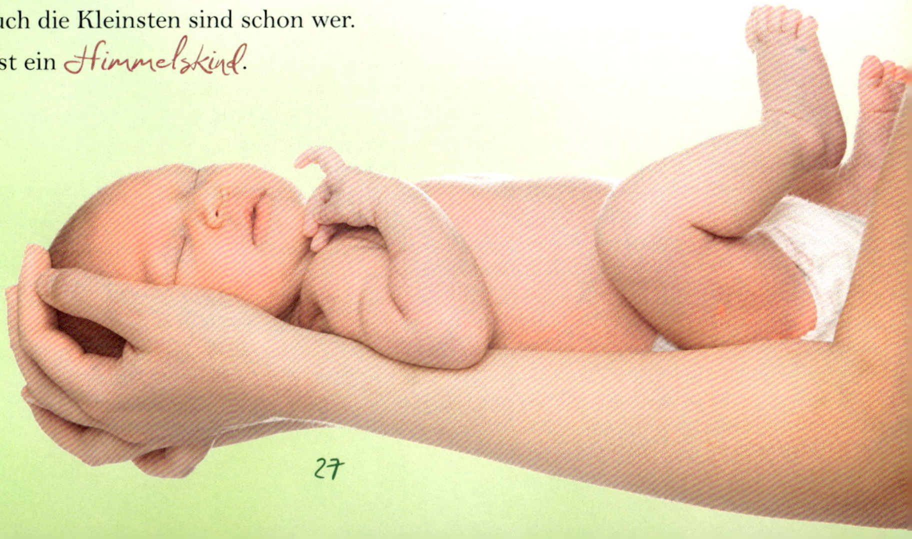

Was Gott dir verspricht

Es soll nie einen gottverlassenen Tag geben für dich. Und möglichst auch keinen menschenverlassenen.

Menschen versprechen dir heute, dass sie an deiner Seite bleiben. Durch dick und dünn. Und Gott verspricht's dir auch. Eine Zusage von ihm steht wie eine himmlische Überschrift über deinem Tag. Dein Taufspruch ist ein himmlisch verbürgtes Versprechen, auf das du dich verlassen kannst. Deine Eltern haben es für dich ausgesucht. Aber eigentlich er selber, dein Vater im Himmel.

Er verspricht dir, dass er *seine Engel* schickt, damit sie dich auf deinen Wegen behüten.

Dass dich *seine Liebe* niemals aufgeben wird.

Dass er dich auch in den dunklen Tälern des Lebens *begleiten* wird. Dass du den Platz findest, den nur du so richtig ausfüllen kannst.

Dass er dir jede kleine und große Schuld *vergeben* will – dafür steht Jesus, sein Sohn.

Dass er dafür sorgt, dass du am Ende deines Lebens sagen kannst: Ja, es war ein gutes und *erfülltes Leben*. Eins, das nicht nur mich, sondern viele andere Menschen reich gemacht hat.

Ich hab einen Freund

Er ist immer für mich da,
er geht mit mir, Jahr für Jahr,
und er bleibt an meiner Seite,
ob es regnet oder ob die Sonne scheint.
Er hört meinen Liedern zu,
manchmal sagt er was dazu.
Und er weiß, dass jede Zeile
ihn, und was er mir bedeutet, meint.

Ich hab einen Freund.
Jesus ist mein Freund.

Er macht meine Nacht zum Tag,
tut, was niemand sonst vermag:
Er trägt mit mir meine Sorgen,
wenn das Dunkel mich gefangen hält.
Er teilt mit mir jede Not,
er erträgt für mich den Spott,
hilft mir wieder auf die Beine,
wenn ich verzweifle an der ganzen Welt.

Ich hab einen Freund.
Jesus ist mein Freund.

Sei gesegnet!

Sei gesegnet!
Lass dich überschütten mit
Gutem!
Lass dich überschütten mit
Gott!
Überschütten mit seiner
Nähe, seiner Freundlichkeit,
seiner Liebe!

Immer sollst du haben, was du brauchst.
Das ist nicht unbedingt das, was du willst.
Nein, Geld und Geltung machen nicht wirklich satt.
Du sollst haben, was deine *Seele* nährt.
Was gut ist für dich. Und für andere.

Immer sollst du *Hoffnung* haben. Auch dann, wenn alles hoffnungslos erscheint.
Immer Glauben, dass Gott dich hält.
Immer eine Melodie gegen die Verzweiflung.
Immer ein Wort gegen die Angst.
Und immer Mut, gegen die Ungerechtigkeiten in dieser Welt aufzustehen.

Sei gesegnet!
Sei ein Segen!

Du sollst leben

Du sollst leben,
denn Gott segnet dich.
Er verlässt dich nicht,
bleibt ein Leben lang in deinem Haus zu Haus.
Du sollst leben,
denn Gott segnet dich.
Deine Sehnsucht, deine Zweifel hält er aus.

Du sollst leben,
denn Gott segnet dich.
Er vergisst dich nicht,
weil dich nichts aus seinem Herzen reißen kann.
Du sollst leben,
denn Gott segnet dich.
Und er nimmt auch deine dunklen Stunden an.

Und er glaubt und liebt in dir.
Und er träumt und hofft in dir.
Und er weint und lacht mit dir,
solang du lebst.
Er bleibt da, auch wenn du fällst.
Er bleibt da, wenn du dich quälst.
Er bleibt da, wenn du dich
an dir selbst verhebst.

Du darfst leben,
denn Gott segnet dich
Und die Welt durch dich.
Und der Glaube und die Liebe werden neu.
Du darfst leben,
denn Gott segnet dich.
Er macht behutsam Menschen von sich selber frei.

Du darfst leben,
denn Gott segnet dich.
Er begleitet dich
Und lädt sich, was dir zu schwer ist, selber auf.
Du darfst leben,
denn Gott segnet dich.
Geht es scheinbar auch bergab, es geht bergauf!

Ich wünsche dir Glück

Ich wünsche dir *Glück*.
Das ist Lebensfreude und Glaubensmut.
Zuversicht und Gelassenheit.
Zufriedenheit und Unternehmungslust.
Genug Sonne und genug Regen.
Damit du wächst und blühst und anderen Schatten spenden kannst.
Zur Ehre Gottes und zur Freude der Menschen.
Ein ganzes Leben lang.

Ich wünsche dir *Freunde*.
Menschen, die dich wortlos verstehen.
Menschen, die für dich da sind, für die du da sein kannst.
Tränentrockner und Seelentröster.
Mutaufpumper und Lichtanknipser.

Ich wünsche dir *Gott*.
Seine Stärke und seine Liebe.
Sein warmes Herz.
Seine uneingeschränkte Zuneigung.
Seine Hilfe und seinen Schutz.
Und wenn es sein muss, seine Korrektur –
damit du dich nicht verirrst im Gestrüpp des Lebens.

Ich wünsche dir seinen *Segen.*
Da ist alles drin. Mehr brauchst du nicht.

Jesus liebt Kinder

Ich sing euch kein Lied von großen Leuten,
von Leuten, die Leuten was bedeuten.
Ich singe von Krümel, Kai und Piet,
von denen, die mancher übersieht.
Ich singe ein Lied für all die Kleinen,
die größer sind, als sie meistens scheinen.
Ich singe für Tina, Tom und Lars
und hoffe, mein Lied hier macht euch Spaß.

Jesus liebt Kinder – als ein Kind kam er zur Welt.
Jesus liebt Kinder – habt ihr euch das vorgestellt?
Jesus liebt Kinder – ruft es laut in alle Welt!
Gibt es etwas Größeres, das zählt?

Er redet nicht nur mit großen Leuten,
mit Leuten, die Leuten was bedeuten.
Er redet mit *Molly, Maik* und *Grit*
und wenn sie sich freun, freut er sich mit.
Er kennt eure Sorgen, eure Fragen,
was keiner sonst weiß – ihm dürft ihr's sagen.
Ihm seid ihr nicht irgendwann mal leid,
denn er hat für alle immer Zeit.

Jesus liebt Kinder – als ein Kind kam er zur Welt.
Jesus liebt Kinder – habt ihr euch das vorgestellt?
Jesus liebt Kinder – ruft es laut in alle Welt!
Sagt, habt ihr euch Gott so vorgestellt?

Er sagt es nicht nur den großen Leuten,
den Leuten, die Leuten was bedeuten.
Er sagt es auch *Steffi, Sven* und *Gerd:*
Ich lieb' euch, drum seid ihr etwas wert!
Er hat euch gewollt, gab euch das Leben
und will euch noch vieles andre geben.
Reicht ihm eure Hände und sagt so:
Bleib du unser Freund, dann sind wir froh.

Jesus liebt Kinder – als ein Kind kam er zur Welt.
Jesus liebt Kinder – habt ihr euch das vorgestellt?
Jesus liebt Kinder – ruft es laut in alle Welt!
Habt ihr's euren Freunden schon erzählt?

Worauf du dich verlassen kannst

Lass dir noch einen besonderen *Bibelvers* schenken:
„Ich will dich nicht verlassen, noch von dir weichen!“ (Josua 1, 5).

Das ist ein *Versprechen* von Gott an den alten Josua. Aber auch eins für dich, du kleines Wunderwesen. Er verspricht dir, dass er dich nicht verlassen will. Niemals. Worauf du dich verlassen kannst. Ein ganzes Leben lang.

Aber Gott will mehr sein als dein persönlicher Bodyguard. Mehr als deine private Unfallversicherung. Er will dein Gott sein. Lass seine Hand niemals los. Mit ihm gemeinsam kannst du Licht und Liebe in diese Welt bringen.

Vielleicht sind wir vor allem dazu da, wir Menschen, kleine und große.

Gott sagt *Ja* zu dir an diesem Tag. Er tut das immer wieder. Sag du auch *Ja*. Heute wohl noch nicht, klar. Aber irgendwann. Und immer wieder. Es ist das wichtigste *Ja*, das du jemals in deinem Leben sprechen wirst.

Bibliografische Information der Deutschen Nationalbibliothek
Die Deutsche Nationalbibliothek verzeichnet diese Publikation in der Deutschen Nationalbibliografie; detaillierte bibliografische Informationen sind im Internet über http://dnb.d-nb.de abrufbar.

Besuchen Sie uns im Internet:
www.st-benno.de

Gern informieren wir Sie unverbindlich und aktuell auch in unserem Newsletter zum Verlagsprogramm, zu Neuerscheinungen und Aktionen. Einfach anmelden unter www.st-benno.de

ISBN 978-3-7462-5170-7

Umschlaggestaltung: Rungwerth Design, Düsseldorf
Layout und Gesamtherstellung: Arnold & Domnick, Leipzig (A)